AF263991

LA RUSSIE

ET

L'ANGLETERRE

EN ASIE

C.

LA RUSSIE

ET

L'ANGLETERRE

EN ASIE

L'Emir Abdoul-Rhaman-Khan

AU GOUVERNEUR GÉNÉRAL DE L'INDE ANGLAISE

PARIS

IMPRIMERIE DE A.-E. ROCHETTE

72 80, Boulevard Montparnasse, 72-80

1868

LA RUSSIE & L'ANGLETERRE

EN ASIE

Les graves événements qui s'accomplissent au centre de l'Asie, ne semblent pas avoir un grand retentissement parmi le public européen, ni éveiller les préoccupations des hommes politiques : Nous voulons parler de la prise de Bokhara par les Russes.

On paraît ignorer en Europe que Bokhara n'est pas seulement une grande ville, capitale d'un État important, mais l'Empire même du Turkestan ; que le dominateur de ces contrées peut déchaîner sur l'Inde la plus formidable des invasions ; que ces populations sauvages et belliqueuses se précipiteront, au signal de leur nouveau maître, sur cette *terre d'or*, dont le pillage, au siècle dernier, avait enrichi leurs ancêtres.

Pour avoir une idée de l'importance du succès que viennent de remporter les armes russes, il suffit de jeter un regard sur le document suivant qui nous arrive de Bombay.

C'est un mémoire qu'Abdoul-Rhaman-Khan, petit-fils de Dost-Mohammed, et émir de Caboul, a adressé dernièrement au Gouverneur général de l'Inde anglaise. Abdoul-Rahman-Khan a reçu une éducation européenne et passe, parmi les Afghans, pour un savant distingué ; il est partisan déclaré de l'alliance anglaise, comme le fut son grand-père, Dost-Mohammed. On sait que cet homme habile et énergique ne s'était, qu'à regret, déclaré contre l'Angleterre en 1838 ; les Anglais eux-mêmes, reconnurent la faute qu'ils avaient commise en le détrônant et, lorsqu'après le désastre de 1842, une nouvelle expédition dans l'Afghanistan eut rétabli le prestige de leur puissance, ils rendirent la couronne à Dost-Mohammed qui, depuis ce moment, fut l'adversaire constant de la Russie.

C'est son petit-fils qui, aujourd'hui, jette un cri d'alarme. Les Russes sont à Bokhara ; c'est plus qu'une nouvelle étape vers l'Inde, c'est l'invasion s'organisant aux portes mêmes de l'Empire anglais.

Paris, Octobre 1868.

Très-Grand, Très-Sage & Très-Puissant Lord

« Un malheur inattendu vient de jeter le trouble dans tous les pays musulmans : le Russe, victorieux, est entré dans la sainte ville de Bokhara.

» A cette triste nouvelle, j'ai réuni immédiatement, en un grand conseil, tous mes parents Barakzey et les vieillards les plus expérimentés de notre pays.

» Après une longue discussion, tous nos chefs de tribus et tous mes hommes de confiance ont unanimement déclaré qu'avec la Russie établie à Bokhara, la seule chose possible pour nous c'était de chercher à gagner l'amitié de cette grande puissance, et ils ont tous insisté sur l'urgence d'envoyer sans délai un agent à Bokhara. Avant de prendre une mesure décisive, j'ai jugé à propos de faire un dernier appel à la sagesse du Gouvernement anglais.

» Vous savez très-bien, Illustre LORD, qu'après bien des fautes et après une longue et douloureuse expérience, nous avons appris enfin à connaître la valeur de l'amitié anglaise. Nous sommes persuadés que votre Nation désire sincèrement le maintien et l'indépendance de notre État. Aussi, vous pouvez être certain que rien ne saurait être plus agréable pour nous que de pouvoir conserver l'appui d'une si puissante amitié. Mais, Votre Altesse doit savoir que, dans les circonstances actuelles, il nous serait impossible de mériter cet appui sans encourir la haine de votre victorieux ennemi. Quelque sincère que soit notre attachement pour la cause de votre politique, il est évident qu'abandonnés à nous-mêmes, nous serions forcés de nous jeter aux pieds de la Russie.

» Ce qui nous étonne, dans la situation critique où nous placent les progrès des armes russes, c'est de vous voir si indifférents devant ces grands changements qui s'opèrent à la porte même de l'Inde. Comment est-il possible que la même Angleterre, qui s'est imposée, pendant plus d'un demi-siècle, tant de sacrifices, pour écarter seulement l'ombre lointaine d'un ennemi, ait pu lui abandonner aujourd'hui tous ces vastes royaumes, dont les maîtres ont si souvent conquis et dominé l'Asie ?

» La Russie serait-elle devenue moins active, moins ambitieuse ?

» L'Angleterre aurait-elle découvert aux Indes des forces nouvelles ?

» L'ensemble des choses semble indiquer le contraire.

» Lorsque la Russie n'était encore qu'à Orembourg, l'Angleterre n'avait rien à craindre. L'idée d'une armée partant de Moscou pour envahir les Indes, était une chimère qui ne pouvait inquiéter aucun esprit sérieux : cette armée n'aurait jamais traversé les déserts qui séparent l'empire russe de nos contrées d'Asie.

» Aujourd'hui, la situation est tout autre. Le Czar n'a plus besoin de vous envoyer une armée de Moscou ; l'armée envahissante se trouve formée en germe, dans ces royaumes mêmes, qu'une poignée de Cosaques vient d'ajouter à l'empire russe.

» Vous ne devez pas ignorer le genre de grandeur et de richesses qui caractérisent ces pays extraordinaires : des steppes sans fin, entrecoupées de contrées extrêmement fertiles ; un nombre prodigieux de chevaux et de chameaux ; d'innombrables tribus guerrières ; des mœurs, des habitudes, des croyances qui créent à chaque pas des armées toutes prêtes à suivre le chef hardi qui voudrait les conduire au pillage des pays les plus éloignés.

» Nous n'avons pas besoin de vous rappeler que c'est toujours de cette partie de l'Asie que sont sortis les envahisseurs du monde. Aujourd'hui, les choses et les hommes sont disposés exactement de la même manière qu'aux temps des Genghis et des Teymourlangs. Ici, nous ne voyons rien qui puisse empêcher la Russie de renouveler avec éclat les épouvantables révolutions dont ces pays ont été si souvent le point de départ.

» Vous croyez peut-être que les peuples de ces contrées seraient hostiles à la domination des Russes. C'est une erreur. Tous ces peuples ont été si maltraités par la stupide tyrannie de leurs derniers chefs, qu'ils salueraient avec bonheur n'importe quelle domination étrangère. Déjà vous avez pu apprendre avec quel empressement les habitants de Samarkande ont abandonné leur Émir pour recevoir les Russes. Vous pouvez être certain que, dans toutes les villes du Turkestan, le changement de maîtres s'accomplira avec la même facilité, et il ne faut pas s'en étonner. Une chose qui doit assurer pour longtemps et peut-être pour toujours la domination de la Russie sur toutes ces contrées, c'est son respect, ce sont ses ménagements systématiques pour tout ce qui regarde nos croyances religieuses. Tous nos peuples ont déjà appris, avec une extrême satisfaction, qu'à la tête des soldats russes, il y a un grand nombre d'officiers musulmans.

» Du reste, il ne faut pas croire que, parmi ces peuples tartares, le nom russe soit tout-à-fait étranger; une certaine affinité de race, de longs rapports de voisinage et de commerce, un grand prestige militaire entretenu par des victoires incessantes, et une politique habile, agissant depuis le commencement de ce siècle sur tous ces pays musulmans, ont si bien préparé les esprits, qu'aujourd'hui la domination russe paraît à tout le monde aussi naturelle, aussi inévitable que conforme aux intérêts, à l'instinct et aux destinées de ces peuples.

» Avec de pareilles dispositions et avec de tels éléments, quoi de plus facile pour un gouvernement européen que d'organiser une immense armée indigène dans des proportions infiniment plus formidables que celles de vos armées indiennes!

» Beaucoup de vos compatriotes, pour ne pas s'effrayer de la perspective d'un si redoutable danger, ont imaginé d'exagérer les difficultés des distances. Toutes ces difficultés étaient réelles tant qu'il restait les steppes des Kirghis à traverser. Mais aujourd'hui que la Russie asiatique se trouve établie au centre même de l'Asie, où sont les distances qui puissent arrêter la marche d'une armée partant du Turkestan? De Bokhara, l'Oxus peut amener vos ennemis en moins de cinq jours à Balhk; de cette dernière ville, qui domine tout l'Afghanistan, on arrive en huit jours à Caboul, et de Caboul que reste-t-il pour arriver à Lahore, au centre même du Pendjabe?

» Toutes ces distances ont été parcourues mille fois par toute espèce d'armée. Ce que des conquérants barbares et de petits chefs de bande ont fait dans toutes les conditions, pourquoi des officiers russes ne pourraient-ils pas l'exécuter avec plus de succès? D'ailleurs, vous-mêmes, vous avez appris à vos ennemis qu'il n'est pas impossible de franchir de pareilles distances.

» Vos journaux ont dit que les Afghans ne permettraient jamais à l'armée russe de passer sur leur territoire; il est fâcheux qu'on ait laissé subsister de pareilles illusions. Nous autres Afghans, nous n'aimons pas les peuples qui veulent conquérir notre pays. Mais nos tribus ont été toujours prêtes à se joindre à une armée qui voudrait envahir un pays étranger. D'ailleurs, que pourrons-nous faire contre les immenses ressources de la Russie? Toute l'Asie sait que les plus plus grandes puissances de la terre se sont réunies contre cette nation, et qu'après plusieurs années de luttes, elles n'ont fait que prendre une de ses villes.

» Nous devons donc vous avouer franchement que si la Russie se présentait à la tête d'une armée tartare pour aller aux Indes, l'entraînement de nos peuples serait irrésistible. Toutes nos tribus, si avides d'aventures et séduites par les récits merveilleux de vos richesses indiennes seraient les plus ardents auxiliaires du conquérant de l'Inde.

» Peut-être croirez-vous aussi que de pareilles troupes, formées d'éléments asiatiques, ne seraient pas en état de se mesurer avec votre armée indienne. — C'est encore là une fâcheuse illusion. Nous connaissons très-bien vos cipayes; nous vous déclarons qu'ils ne pourront jamais tenir contre une armée formée de tribus guerrières de nos contrées musulmanes. Quant à vos bataillons européens, nous les avons vus aussi dans les plaines de Caboul; malgré leur incontestable bravoure, soyez certain qu'ils seront fatalement brisés par le choc et le nombre de nos cavaliers musulmans.

» Du reste, pour mettre en danger votre Empire indien, nous ne croyons pas que la Russie ait absolument besoin de vous livrer bataille. Le bruit seul d'une invasion vous causerait au moins autant do désastres que la perte d'une armée. Vous vous rappelez que votre petite guerre avec la Perse a suffi pour faire éclater cette formidable insurrection qui a failli anéantir toute votre puissance indienne. Vos sujets reconquis et châtiés si sévèrement seraient-ils aujourd'hui plus contents de leur sort? Leur haine et leur désespoir seraient-ils moins actifs à l'approche d'un ennemi qui se présenterait comme un vengeur et comme le libérateur d'une race injustement opprimée?

» Au milieu de ces effroyables éventualités, sur quoi donc fondez-vous la sécurité de votre Empire? Vous comptez peut-être sur l'alliance de la Perse?' Mais avec toutes les expériences du passé, comment serait-il possible que vous eussiez encore la moindre illusion à cet égard?

» Qui ne sait que la royauté actuelle de la Perse est une création purement russe; que le Schah et toute sa cour sont élevés dans l'obéissance et dans le culte du Czar? D'ailleurs, un gouvernement faible, efféminé, rongé par tous les vices, et plongé dans un abîme de désordres et de misères, que pourrait-il tenter contre ce colosse de puissance qui se trouve assis sur la poitrine même de la Perse? Quelque habileté que votre diplomatie déploie, et quelques concessions que vous fassiez à Téhéran, la cour du Schah sera toujours, non pas l'alliée sincère, mais l'instrument le plus servile de la Russie. Il suffirait d'un ordre de Pétersbourg et d'une promesse vague concernant la possession éventuelle de Bagdad, pour jeter aveuglément la Perse dans n'importe quelle aventure de la politique russe. De ce côté-là, vous n'avez donc rien à attendre, si ce n'est une armée de cent mille hommes commandée par des généraux russes, que le Schah aurait ordre de lancer sur vos provinces du Sind.

» Tout cela, Votre Altesse le sait bien, n'est pas une vaine supposition.

» Tout le monde se rappelle avec quelles alarmes et avec quels efforts vous êtes venu deux fois détourner les attaques du Schah contre notre ville de Hérat. Si un souverain malade, incapable, abandonné à ses faibles moyens a pu alors vous causer tant d'inquiétudes, aujourd'hui que toute la Perse ne forme plus qu'un contingent secondaire des forces de la Russie, et que le Czar, maître absolu de tant de peuples guerriers se prépare à lancer sur vous des torrents d'armées, comment se fait-il que votre vigilance soit si assoupie, si trompée ?

» Quelles que soient les causes de cet étrange phénomène, nous vous déclarons, en ami sincère et en sentinelle avancée, que toutes les barrières de votre Empire sont rompues. L'invasion la plus formidable du monde est venue camper à votre porte, et si vous vous reposez parce que vous vous croyez fort, soyez certain que bientôt vous serez le vaincu.

» Au milieu de ces tristes prévisions, ce qui nous afflige le plus, c'est que le grand Empire Musulman, qui a son siége à Constantinople, court le même danger que vos possessions indiennes. Nous savons que là, notre Khalif est soutenu par les armes et par l'influence de l'Angleterre et de la France. Or, pour nous, il est hors de doute que le jour où la Russie aura organisé son armée du Turkestan, ce jour-là l'action anglaise sera complètement paralysée du côté de Constantinople.

» L'Inde en péril forcera naturellement l'Angleterre à ménager la Russie d'Orient. Le poids de la puissance Britannique une fois écarté des affaires de la Turquie, l'alliance Occidentale qui a soutenu jusqu'ici notre Khalif sera réduite à une impuissance aussi fatale pour la Turquie, que pleine de périls pour l'Europe entière.

» Voilà pourquoi nous pensons que si l'Europe était éclairée sur la situation que les derniers événements ont créée sur les bords de l'Oxus, elle aurait certainement oublié ses querelles domestiques pour se préoccuper de ce redoutable péril, qui menace son indépendance. Car enfin il ne s'agit plus ici de l'annexion de telle province ou de la conquête de telle ville ; c'est *l'enrôlement universel* de toutes les hordes de l'Asie, c'est la reproduction habile et savante de ces débordements de torrents humains dont les souvenirs font frémir encore l'Europe et l'Asie.

» Si quelques esprits peu clairvoyants doutent encore de la possibilité de pareils événements, cela ne doit pas nous étonner.

» Lorsque Pierre-le-Grand construisait sa première barque, personne n'aurait pu soupçonner qu'un jour l'escadre de Cronstadt irait brûler dans l'Archipel la flotte ottomane. L'Europe du siècle passé ne s'est émue ni de la fondation de Pétersbourg, ni du partage de la Pologne, ni de l'apparition des Russes dans les provinces du Caucase. Aujourd'hui l'aveuglement nous paraît plus profond encore.

» Pendant que vos hommes d'Etat sont occupés à discuter les affaires de Luxembourg, de Rome et de Monténégro, l'Empereur Alexandre fait poser en silence, au centre de l'Asie, le fondement non pas d'un autre Pétersbourg, mais d'une Russie nouvelle, Russie asiatique, véritablement barbare, qu'on ne daignera pas regarder jusqu'à ce que, réunissant toutes les forces de l'Asie, elle vienne se présenter à l'Europe avec ses millions de soldats armés de tous les moyens de la civilisation et commandés par l'exécuteur de ce fameux testament que vos peuples d'Occident n'ont pu comprendre qu'après un siècle de fautes, d'hésitations et de faiblesses.

» Tourmenté de ces tristes réflexions, nous avons pensé vous envoyer à la hâte notre cher Cousin le brave AllaHyar-Khan ; il a toute notre confiance, il connaît à fond la situation de nos affaires, et il est chargé particulièrement de remettre en vos propres mains un autre mémoire, dans lequel j'ai exposé d'une manière toute confidentielle le projet d'une combinaison militaire et diplomatique, que les peuples musulmans, d'accord avec certaines Puissances de l'Occident, pourraient tenter peut-être pour détourner le danger qui nous menace tous.

» Nous avons écrit aussi une longue lettre au Schah de Perse et une autre plus détaillée au Sultan de Constantinople. Il nous paraît impossible que les ministres ottomans ne soient pas pénétrés de l'extrême gravité de notre situation commune. Mais il est évident que si l'Angleterre ne se met pas en avant avec toute l'énergie de sa volonté et avec toute la puissance de ses ressources actuelles, rien de sérieux ne sera possible.

» Pour nous, peuples afghans, nous avons fait et nous avons dit tout ce qui nous a paru conforme aux devoirs d'un peuple musulman et d'un allié loyal. Maintenant, si la main de la Providence ne s'est pas appesantie sur les nations de l'Europe, c'est à elles et surtout à la puissante Angleterre de nous dire le reste et de nous guider vers l'accomplissement de nos devoirs à venir.

» Je souhaite que l'Angleterre soit aussi prospère et auss grande qu'Elle a été généreuse envers mon peuple et envers votre dévoué ami.

(Signé) : Abdoul-Rahman-Khan

Paris.— Imprimerie A.-E. Rochette, boulevard Montparnasse, 72-80.